Todos los libros de Linkgua Ediciones cuentan con modelos de Inteligencia Artificial entrenados por hispanistas. Pregúntale al chat de tu libro lo que desees acerca de la obra o su autor/a.

Para ebooks: Accede a nuestro modelo de IA a través de este enlace.

Para libros impresos: Escanea el código QR de la portada con tu dispositivo móvil.

Obtén análisis detallados de nuestros libros, resúmenes, respuestas a tus preguntas y accede a nuestras ediciones críticas generativas para una experiencia de lectura más enriquecedora.
La transparencia y el respeto hacia la autoría de las fuentes utilizadas son distintivos básicos de nuestro proyecto. Por ello, las respuestas ofrecen, mediante un sistema de citas, las fuentes con las que han sido elaboradas.

Pedro Calderón de la Barca

Las Carnestolendas

Barcelona 2024
Linkgua-ediciones.com

Créditos

Título original: Las carnestolendas.

© 2024, Red ediciones S.L.

e-mail: info@linkgua-ediciones.com

Diseño de cubierta: Michel Mallard.

ISBN rústica ilustrada: 978-84-9816-440-4.
ISBN ebook: 978-84-9953-279-0.

Sumario

Brevísima presentación

La vida

Pedro Calderón de la Barca (Madrid, 1600-Madrid, 1681). España.

Su padre era noble y escribano en el consejo de hacienda del rey. Se educó en el colegio imperial de los jesuitas y más tarde entró en las universidades de Alcalá y Salamanca, aunque no se sabe si llegó a graduarse.

Tuvo una juventud turbulenta. Incluso se le acusa de la muerte de algunos de sus enemigos. En 1621 se negó a ser sacerdote, y poco después, en 1623, empezó a escribir y estrenar obras de teatro. Escribió más de ciento veinte, otra docena larga en colaboración y alrededor de setenta autos sacramentales. Sus primeros estrenos fueron en corrales.

Lope de Vega elogió sus obras, pero en 1629 dejaron de ser amigos tras un extraño incidente: un hermano de Calderón fue agredido y, éste al perseguir al atacante, entró en un convento donde vivía como monja la hija de Lope. Nadie sabe qué pasó.

Entre 1635 y 1637, Calderón de la Barca fue nombrado caballero de la Orden de Santiago. Por entonces publicó veinticuatro comedias en dos volúmenes y La vida es sueño (1636), su obra más célebre. En la década siguiente vivió en Cataluña y, entre 1640 y 1642, combatió con las tropas castellanas. Sin embargo, su salud se quebrantó y abandonó la vida militar. Entre 1647 y 1649 la muerte de la reina y después la del príncipe heredero provocaron el cierre de los teatros, por lo que Calderón tuvo que limitarse a escribir autos sacramentales.

Calderón murió mientras trabajaba en una comedia dedicada a la reina María Luisa, mujer de Carlos II el Hechizado. Su hermano José, hombre pendenciero, fue uno de sus editores más fieles.

Las libertades

Este entremés transcurre en un ambiente de carnaval. Las «carnestolendas» son unas mascaradas rituales de raíz pagana y un período de libertad que se oponía a la represión de la sexualidad y a la severa liturgia de la Cuaresma.

Las Carnestolendas

Personajes

Un Vejete
El Rey que rabió
Rufina
Marta con sus pollos
María
La dama quintañona
Luisa
Maricastaña
El Gracioso
Perico el de los palotes
Un Hombre al revés
Músicos

Acto único

(Dentro el Vejete, Rufina, María y Luisa.)

Vejete	¡Rufinica, Rufina, Rufinilla!
Rufina	¿Hay tal rufincar? ¿Hay tal tarabilla? ¿Llamas, padre?
Vejete	En tu cuerpo, relamida.
Rufina	¿Qué menos digo yo?
Vejete	Así, raída. ¿a dónde estás, exenta?
Rufina	En esta sala. 5
Vejete	Venid, dame la capa noramala.
Rufina	Tómela vuesarced que ahí está puesta.
Vejete	Descarada respuesta. ¿Pullas me echáis, pedrada?

(Salen las tres tras del Viejo.)

Rufina	¡Ay, Señor, no hay que decir nada! 10
María	Padrecito del alma, lindo, hermoso...

Luisa	Amo, galán de cuerpo y talle airoso...
Rufina	Padrecito, almacén de Navidades...
Luisa	Inventor del mantenga y el sepades.
María	Ansí tus años que son cuatro veintes... 15
Rufina	En Tetuán los cuentes.
María	Pues el cosquilloso tiempo nos convida de las Carnestolendas, por tu vida, que nos dejes hacer una Comedia.
Vejete	¡Miren pues que Riquelme ni que Heredia 20 para representar! Mejor sería gastar la noche y día en hacer su labor.
Luisa	Lindo regalo.
Rufina	Escupa, padre, que ha mentado el malo: vaya arredro, patillas, 25 La labor deste tiempo es casadillas.
Vejete	¿Yo gastar en Comedias mi dinero? ¡Para compraros de comer lo quiero!
María	Si licencia nos das que la estudiemos, a comedia y a agua ayunaremos. 30

Vejete	¡Oh, loco tiempo de Carnestolendas
	diluvio universal de las meriendas
	feria de casadillas y roscones,
	vida breve de pavos y capones
	y hojaldres, que al Doctor le dan ganancia 35
	con masa cruda y con manteca rancia!
	Pues ¿qué es ver derretidos los mancebos
	gastar su dinerillo en tirar huevos?
Luisa	En esto su locura manifiestan,
	que mejor es tirarnos lo que cuestan. 40
Rufina	¡Y cómo! Veinte huevos azareños
	le cuestan veinte reales a sus dueños.
	Tíranmelos y mánchanme un vestido,
	quedo yo pesarosa y él corrido
	sin alzar más cabeza en todo el día. 45
María	Pues ¿cuál querré yo más, por vida mía,
	estas galanterías criminales,
	o en dinero civiles veinte reales?
Rufina (Aparte.)	(Luisa, agora es tiempo de lograr mi traza.)
Luisa	Yo voy y a tu galán clavo esta maza. 50

(Vase.)

Rufina	Mucho hay que temer estas contiendas.
Vejete	No hay quien no tema en las Carnestolendas:

el capón tome muerte supitaña,
el gallo ser corrido en la campaña,
el perro, de la maza el desconcierto,   55
las damas, de que el perro sea muerto,
las estopas de verse chamuscadas,
las vejigas de verse aporreadas,
la sartén si su tizne alguno pringa,
el agua que la sorba la jeringa,   60
el salvado de andar siempre pisado,
siendo a un tiempo salvado y condenado,
Cercadas nuestras ganas estos días
de ejércitos de mil pastelerías,
y tal hambre en el cerco padecemos   65
que hasta las herraduras nos comemos.

María   Mas todo, padrecito, se remedia.

Vejete   ¿Con qué, hijitas rollonas?

Las dos   Con comedia.

Rufina   De otro entretenimiento no gustamos.

Las dos   Comedia, como Iglesia, nos llamamos.   70

(Sale el Gracioso, con maza, tras Luisa, que se esconde detrás de Rufina.)

Gracioso   ¿A mi maza?

Luisa   ¡Socorro!

Gracioso	Picarona,
	¡a mí, convaleciente de fregona,
	que sin valer dos habas,
	hoy te enmoñas y ayer fregonicabas!
	¡Vive Dios! Si no fuera (no te espante) 75
	porque no tengo cólera bastante,
	que un disparate hiciera,
	y con saber las calles, me perdiera.
	¿Yo con maza? ¿Soy mona? ¿A mi mamola?
	¿Tan despegado soy que me echáis cola? 80
	¡A mí cola! ¿he perdido alguna Cátedra?
	¿Soy escabeche que, vendido a solas,
	por un cuartillo más es todo colas?
Luisa	Pues ¿qué le han hecho? Diga...
Gracioso	Estregadera
	de cuanto barro hay en Talavera, 85
	¡hacer pulpo a un cristiano!
María	A los cristianos
	de cuando en cuando los querría paganos.
Gracioso	¿Paganos? ¿Qué decís?
Rufina	Tonto sois vos
	que no paganos, sino paganós.
Gracioso	Beso tus pies, que rabio por besallos, 90
	por ver si las deidades crían callos.

Vejete	Señor, perdone usté aquesta moza,
	que este tiempo en el cuerpo las retoza.
	y váyase con Dios. Cerrad aquí, ¡hola!,
	que no quiero pendencias por la cola. 95
	Que yo voy, pues con esto se remedia,
	a buscar quien os haga una Comedia.
Gracioso	¿Comedia ha dicho? ¡Pues no hablara antes!
	Comedia le daré y representantes,
	toda gente muy diestra. 100
Vejete	¿Búrlase vuesarced?
Gracioso	Oiga la muestra...
Vejete	Tráiganle de almorzar, que darle quiero
	con que corte la cólera primero.

(Vase Luisa.)

Gracioso	Pues primero, aunque esté representando,
	comeré y beberé de cuando en cuando, 105
	que soy hombre, por Dios, de digo y hago,
	tan presto represento como trago.

(Sale Luisa con un plato con algo y un jarro de vino.)

Luisa	Aquí tiene usasted un desayuno.
Gracioso	Poca cosa, mas basta para uno.

María	¡Ay cual zampa! ¡Jesús! ¿qué hambre es ésta?
Luisa	Parece que lo come por apuesta.
Vejete	Hombre, ¿comes o engulles?
Gracioso	Lindo chasco, pocas cosas, señor, nunca las masco.

(Come aprisa y bebe.)

María	¿Niño se le hace el jarro?
Vejete	Darle un poco.
Rufina	¡Qué bien que ensarta aljófares el mozo! 115
Luisa	¡Los tragazos que echa, Jesucristo!
Gracioso	Pues lleve el diablo el que en la boca he visto ansí. Se me olvidaba de decillo, ¿ustedes no querrán un bocadillo?
Vejete	¿Falta más que comer?
Gracioso	Nada me sobra. 120 Salga Prado Y empiece aquesta obra.

(Agora ha de remedar a Prado con una décima o soneto.)

Seca está la boca: quiero

echar una rociada,
que entre col y col, lechuga,
dice un adagio en España.   125

(Bebe.)

Vejete   Lindamente le remeda.

Gracioso   ¡Muy bien!

Rufina   ¡Muy bien! En mi alma
que le ha hurtado voz y acciones!

María   A Prado le harán gran falta.

(Pónese una barbilla y gorra chata.)

Gracioso   Sale un vejete arrugado,   130
con barbilla, y gorra chata,
tan temblona la cabeza
como papanduja el habla,
y dice a dos hijas suyas:
«Por San Lesmes, por la lanza   135
de Longinos, que esta fiesta
las retoza a las muchachas
en el cuerpo, y de cosquillas
se concome la criada.»

Vejete   Esta habla es muy escura.   140

Gracioso   ¿Tiénela vusté más clara?
La garganta tengo enjuta:
rociemos la garganta.

(Bebe.)

| Rufina | No sé yo de qué está seca, | |
| | estando tan bien regada. | 145 |

(Pónese mascarilla y bonete colorado.)

Gracioso	Agora sale el negrillo	
	requebrando aquestas damas,	
	con su cara de morcilla	
	y su bonete de grana.	
	¿Quelemole vuesancé,	150
	Luisa, María y Rufiana,	
	que le demo colacione	
	que aquí la traemo gualdada,	
	mucha de la casamueza,	
	mucha de la cagancaña,	155
	cagalón e cochelate,	
	calamerdos, merdaelada,	
	turo para vuesancé?	

Rufina	¿A quién digo, camarada?	
	Yo le perdona mi parte,	160
	que tan espesas viandas	
	entre once y doce serán	
	mejores para vaciadas,	

(Toma una espada por el hombro, y el jarro en la mano, bebiendo a menudo.)

| Gracioso | Ahora sale un finflón, | |
| | o tudesco de la guarda, | 165 |

hablando mucho, y aprisa,
y sin pronunciar palabra,
con su tizona en la cinta,
y en el jarro la colada,
dice echando treinta votos,   170
como quien no dice nada.

(Habla lo que quisiere a lo tudesco, y bebe, y luego hace que está borracho.)

¡Jesús, qué bochorno! Quiten
dese brasero las ascuas:
¿dónde van tantas linternas?
No mirarás como pasas,   175
Judiguelo, hijo de puta,
¡Por Cristo! Si no mirara
que eres clérigo...

Vejete   ¿Yo clérigo?

Gracioso   Sí, clérigo tú y tu alma.
¿A mí zancadilla? ¡Oh, perro!   180
¡Qué donosa zangamanga,
que paguen los tristes pies
lo que la testa es culpada!
Allá va, cómante lobos,
vaya un sueñecillo, vaya,   185
pero téngole ligero,
no hagan ruido, camaradas.

(Échase a dormir.)

Rufina   Padre, cayó el pecador.

Vejete	Pues mientras que se levanta,	
	voy por un esportillero	190
	que a su casa guíe la danza,	
	que en esto viene a parar	
	el que de beber no para.	

(Vase, y levántase el Gracioso y habla en juicio.)

Gracioso	¿Fuese el viejo?	
Rufina	Ya se fue.	
Gracioso	¡Lo que me cuestas, ingrata!	195
Rufina	Más me cuestas tú, pues pierdo	
	por ti, mi hacienda y mi casa.	
Luisa	¿No miran que vendrá el viejo?	
	Váyanse ya, ¿qué se tardan?	
Rufina	¿Y el dinero?	
María	Va en la bolsa.	200
Gracioso	¿Y las joyas?	
Luisa	En la manga.	

(Vanse [todos] y sale el Vejete.)

Vejete	No se halla un esportillero
	por un ojo de la cara.

¡Mariquita, tararira!
¡Rufinica, zarabanda!   205
¿A Luisica? ¡a esotra puerta!
Aún peor está que estaba:
Y mis joyas volavérunt.
¡Oh, comedor de mis arcas!
Que me robéis a mis hijas,   210
vaya con el diablo, vaya,
que eran prendas que comían.
Mas mis joyas... Arre, parda,
que estas cosas son del tiempo
del Rey que rabió en España.   215

(Sale uno con una corona, y una mano de mortero por cetro.)

Rey   Yo soy el Rey que rabió.

(Cantando como mojiganga.)

Si su hija te dejó,
su trabajo le costó,
y sus tragos al pobrete.
¿Qué los quieres? Anda, vete,   220
déjalos, avariento vejete.

(Repiten estos dos versos y bailan los dos.)

Vejete   ¡Vive Dios, que el sonecillo
hará bailar una tabla!
Pero no se lo ha de haber
allá con sus pollos Marta.   225

(Sale Rufina con sombrerete y mantellina y una mantellina y toca arrebozada.)

Rufina	Yo soy Marta con sus pollos,
	líbrame destos escollos,
	que yo te daré pimpollos,
	que te vuelvan mozalbete.
	¿Qué nos quieres? Anda, vete 230
	déjanos, avariento vejete.

(Repiten.)

Vejete	Después que nací, no he visto
	hija tan desvergonzada,
	Perico el de los Palotes
	no viniera más de chanza. 235

(Sale el Gracioso con una sotanilla, sembrada de palillos, de randas y palos de tambor.)

Gracioso	Perico el de los Palotes
	soy yo, no te me alborotes,
	porque de dos capirotes,
	serás de mis pies tapete.
	¿Qué nos quieres? Anda, vete, 240
	déjanos, avariento vejete.

Vejete	¿Qué antiguallas son aquestas?
	¿Qué es esto que por mí pasa?
	Parece que estoy en el
	tiempo de Maricastaña. 245

(Sale Luisa con toca de viuda, y sombrerete, y, sayas enfalda-
das, y con rueca hilando.)

Luisa

Veis aquí a Maricastaña
y sí metes más cizaña
como tuerzo esta maraña
el pasapán torcerete.
¿Qué los quieres? Anda, vete,   250
déjalos, avariento vejete.

Vejete

Al revés anda ya el mundo.
¡Por San Dimas! Que no falta
sino andar de hombres las hembras
y los hombres con enaguas.   255

(Sale un Hombre, la mitad mujer, y la otra mitad de hombre,
puesto al revés, y andando hacia atrás.)

Hombre

Ves aquí un hombre al revés,
que sirvo en este entremés
de la cabeza a los pies
a los novios de sainete.
¿Qué los quieres? Anda, vete,   260
déjalos, avariento vejete.

Vejete

Todas las sombras me siguen,
solo falta la fantasma
de la dama Quintañona:
mas hela aquí, no hace falta.   265

(Sale María, con gorra chata, cuellecito y ropa antigua, basquiña vieja, y escurrida.)

María	Esta dama Quintañona	
	ni se afeite ni se entona,	
	pero sirve de ponzoña	
	a quien este ruido mete,	
	¿Qué los quieres? Anda, vete,	270
	déjalos, avariento vejete.	

Vejete	¡Por Jesucristo, que temo	
	que todos salgan con cañas	
	y me tiren como a gallo:	
	dicho y hecho, ¡Santa Eufrasia!	275

(Cantan todos.)

Todos	Al vejete, que de Cupido	
	ya no le ofenden y abrasan las llamas	
	¡hucho-ho! que le curen las damas,	
	¡hucho-ho! que va corrido.	

Vejete	Ya yo pasé mi carrera,	280
	¿a dónde quieren que corra	
	si se ha metido de gorra	
	el novio en la madriguera?	

| Todos | ¿Luego amor nunca te ha herido? | |

| Vejete | Eso es andar por las ramas. | 285 |

Todos   Uchoó que le corren las damas,
               uchoó que va corrido.

(Salen todos esta postrera vez con cañas, y banderillas de papel, coronas y capotillos pintados, como muchachos que van a los gallos y con varios instrumentos de la pandorga.)

Libros a la carta

A la carta es un servicio especializado para
empresas,
librerías,
bibliotecas,
editoriales
y centros de enseñanza;
y permite confeccionar libros que, por su formato y concepción, sirven a los propósitos más específicos de estas instituciones.

Las empresas nos encargan ediciones personalizadas para marketing editorial o para regalos institucionales. Y los interesados solicitan, a título personal, ediciones antiguas, o no disponibles en el mercado; y las acompañan con notas y comentarios críticos.

Las ediciones tienen como apoyo un libro de estilo con todo tipo de referencias sobre los criterios de tratamiento tipográfico aplicados a nuestros libros que puede ser consultado en Linkgua-ediciones.com.

Linkgua edita por encargo diferentes versiones de una misma obra con distintos tratamientos ortotipográficos (actualizaciones de carácter divulgativo de un clásico, o versiones estrictamente fieles a la edición original de referencia).

Este servicio de ediciones a la carta le permitirá, si usted se dedica a la enseñanza, tener una forma de hacer pública su interpretación de un texto y, sobre una versión digitalizada «base», usted podrá introducir interpretaciones del texto fuente. Es un tópico que los profesores denuncien en clase los desmanes de una edición, o vayan comentando errores de interpretación de un texto y esta es una solución útil a esa necesidad del mundo académico.

Asimismo publicamos de manera sistemática, en un mismo catálogo, tesis doctorales y actas de congresos académicos, que son distribuidas a través de nuestra Web.

El servicio de «libros a la carta» funciona de dos formas.

1. Tenemos un fondo de libros digitalizados que usted puede personalizar en tiradas de al menos cinco ejemplares. Estas personalizaciones pueden ser de todo tipo: añadir notas de clase para uso de un grupo de estudiantes, introducir logos corporativos para uso con fines de marketing empresarial, etc. etc.

2. Buscamos libros descatalogados de otras editoriales y los reeditamos en tiradas cortas a petición de un cliente.